CÍRCULO DE POEMAS *Luna Parque Fósforo*

Robert Cornelius, fabricante de lâmpadas, vê alguém

Carlos Augusto Lima

I

A primavera encerra pelos ares
Da Filadélfia, mas a chuva de ontem
À noite, raios, trovões de brinde,
Tornam as ruas um charco maldito
De pragas e resmungos aos transeuntes
Que arriscam botinas, botas e laços.
As panturrilhas devem engrossar bastante
Por esses lados de cá. Pernas e braços
Para uma grande nação, dizem os sonhadores.
Ainda é um tempo de sonhadores e inventores
De mundos, embora os cínicos e os comedores
De terra avancem sobre tudo. E a bifurcação da natureza
Os homens armados do gás letal de suas
Palavras, macerando os olhos furtivos, amados,
Os olhos de prata. Luz gás e prata são formas
Cambiantes e presentes na 710 Chesnut Street,
Onde dois homens de cartola conversam e,
Sobre eles, lê-se: Cornelius & Baker.

II

Os negócios da família andam bem. Lâmpadas a gás trouxeram
Do mundo das trevas os amores, alcovas, tratos e cartas
De despedida. Pode-se ler mais fundo os romances de aventura,
Fugas das ilhas perdidas, sobressalto das almas penadas
Ou seres monstruosos. Vende-se *Aleteia*. Atrás da loja,
Num pequeno quintal, entre garrafas, cacos de lustres,
Recortes de dedos, escamas e restolhos de toda ordem,
Bem ali, ali mesmo, o atarefado Robert Cornelius, metalúrgico,
Químico amador, inventor de mundo, destampa a lente
De sua câmera improvisada, experimento em ajuste, na
Direção de paisagem alguma, nem rua, campo, multidão,
Sem falar. A lente observa o próprio empenhado Robert,
Cabelos desgrenhados, braços cruzando-se, uma desconfiança
Nos olhos. De onde vem esse novo e estranho mundo?
Ele aguarda.

III

É noite ainda. Nada responde, nada diz.
Como naquela doca da enseada como uma boca
Sem dentes de um lugar ao sol. O permanente
Estio crispando a derme de um marujo, sem dentes
E mão bruta. Como e quando alcança a noite,
Suas trevas vivas e frias, num lugar ao sol?
Ainda não há luz. Tateio os dedos ao risco de
Machucar-me com algo cortante, como uma
Carta perfumada dizendo: adeus, basta, parti.
Trevas, ainda. Deve o pesadelo extinguir o açoite
Da memória ou ele mesmo é uma cópia,
Um registro assinado em três vias atestando o medo?
Não grito, não choro, paciento a fornalha
Da mente com as lágrimas dos anjos que vimos
Na cidade barroca. Anjos ditos mulatos, uma fé dita mulata,
Solução nativa para a devoção, o desejo e o nome.
Tudo aqui pende para um lado e outro.
É escuro, ainda. Agarro meu casaco ou coberta.
Não sei o que espero da mistura de sombrias horas.

IV

Como é difícil estar aqui, nesse tempo lento,
Quase parado, de quase morte. Tempo hospitalar
A querer pensar: vegetal. Os desejos na direção do aroma
Que exala forte e seguir cheia de planos e plantas
De jardim debaixo do braço, para aquela exata hora do dia,
A mais bonita, em que as crianças ressonam e parece que
A missão foi cumprida, trajando andrajos confortáveis,
Cerrando janelas que dão ao olhar infinito de estrelas,
Sem esquecer das travas que guardam do malefício,
Dos demônios noturnos, salteadores de cercas vivas
Furtando corações. Fumega a chaleira do conforto,
Anjos guardados como calçados bem dispostos e
Limpos debaixo da cama.

V

Este tempo é novo, ou nunca deixou de ser, e não tomei pé?
Pergunto. Pergunto. Tudo me escapa rápido como um tiro,
[uma absorção
De lava, gosma, areia movediça. Rápido como os linces que
[até outro dia
Aqui vieram em nossa varanda, olhar a vida estranha que se
[alimenta
Nessa casa, piso de madeira e sombras. O jogo das cinzas, uma
[adivinha,
Leitura da íris, seu olhar de soslaio capturando luz nessa
[absurda
Escuridão. O Canadá é logo ali, afirmamos com a crença
[festiva e
Sacra nas coisas não cultivadas no agora. Então, recebe o que vem,
Consome as entranhas do agora que brilha. Melhor: dorme dentro
Dele, inventor de mundo. Se esbanja do feitiço, pois tudo é novo
Estranho, inseguro. Tudo são cores matinais do mundo que raia,
Ali por detrás da rua.

VI

Novos tempos virão, supersônicos, de comida e corações
[enlatados.
O amor, subproduto do armazém de farelos, toucinho, creme de
Queijo azedo e fumo. Virão, em breve, tempos de comida rápida,
Das profundezas do mundo e, ao quebrar o biscoito da sorte, um
Papel em branco que é puro mistério e franzir de testa. Será
[preciso
Ligar para o restaurante chinês. Algo faltando nesse pedido da
[madrugada,
Da fome esticada de lua. Um biscoito sem sorte, sem frase, nada.
Há tantos enigmas por serem dispensados ao vento. Para que
[enigmas?
O desejo é de frase, uma frase que falta, essa memória terrível
Que não cessa, inquieta visão de sombras agitadas. Novos tempos
Virão, em que traremos de volta as visitas mais doces, as malas
Contendo remessas de amor.

VII

Alguns sinais podem, com boa vontade,
Ser decifrados do céu, aos astros ou azul.
Mesmo aqui, nesse instante infindo, desejo
Uma luz portátil, um dia carregar. Todo o
Projeto possível de iluminar a escuridão
E ver, tal qual lampejo, os vaga-lumes
Dos lagos à margem da ferrovia. Em nossas
Jovens cabeças essa batalha no novo
Chão de Troia das cidades que emergem
Lamacentas: a fúria da luz contra a escuridão.
Como um náufrago de um mar espesso,
Cujo aroma dispensa a maresia e, agora,
Inala chumbo, prata, cobre, vago dentro
Da espera infinda. Podemos ver na oxidação
Como uma sibila a ler o tempo, guerras e
Guerras futuras, contra pátrias diversas,
Contra as moedas, o ouro todo negro de
Enxofre, um demônio das profundezas
Seduzindo as almas frágeis e bélicas.
Guerras e guerras contra tudo o que é vivo.
O homem do futuro esbofeteando a Terra,
Como um saco de areia, eternidade adentro.

VIII

A sensação não cede, de não dar conta do
Tempo, aparelhado de brisa e angústia.
À espera dos bárbaros processos de magia
De líquidos e solventes. Vislumbro portões
Elétricos, olhos digitais, visões além do alcance,
Pisos falsos e formas de ataque que nos
Devolvam a segurança de antes, um colo
Ameno, que traga aos que perderam
O sono e segurança, um conforto de
Uma pílula vulgar. A lista de desejos
Futuros é infinita, assim como são os postes de
Luz do novo mundo contendo galáxias
Nas lâmpadas de gás. Grandes avenidas,
Um dia serão iluminadas de tal fosforescência
Que os viajantes de outro planeta nos
Acenarão, enquanto o último ônibus não vem.
Um som de garrafas atiradas, os estilhaços,
Movem o corpo de leve assombro,
Interrompendo a rigidez necessária. Rompante.
Toda imagem ainda se gasta.

IX

Já somos homens do progresso, carregando nas
Costas o ímpeto de transformar as coisas
Vivas em matéria. Transformar as habilidades
Que nos privou o Criador na hora mágica do
Gesto com barro e *anima*. Já fomos os operadores
Do imaginário que é nossa anatomia para fora,
Para outro, para o mundo. As engrenagens artificiais
Simulam nossos membros tentaculares
Abarcando tudo o que é vivo ao redor. Já fomos.
Cada vez mais velozes, devoramos tudo ao redor,
Até esticar a língua no fio de pedra, molhar a pedra
E provar o gosto dos restos, partículas imundas
Diversas. Novas práticas, aqui chegamos:
Gotejar os olhos ressecados com água rala e
Fétida, sobejo da chuva e pus. Ah, destino
O qual os deuses nos legaram. Repetir e repetir
Esse gesto pela eternidade de nossa catástrofe,
Nós seres comedores de mundos, monstruosos
Consumidores da luz.

X

Gostaria de ler esse bilhete, mas está
Escrito em japonês. Deve dizer da dor que
Nos é comum. Você pode traduzir para mim?
Me traga notícias boas, os pacientes curados,
Um acordo de paz, o invento que sacia a
Fome global. Eu prometo contar, como sempre,
Uma história após o jantar. A todas as pessoas
Do mundo, uma promessa de abraço.
Dedico esse papel às mais brilhantes luzes
Na mais profunda escuridão: o mundo, o mundo.
A crer no mar partido em bandas, nas equimoses
Do lazarento calcinadas e limpas, a rocha
Removida ao terceiro dia. Mas, pela má sorte
Ou teima, ficamos com o cordeiro assado.
Molho *barbecue*, cebolas. Este deve ser
O ponto de partida de tudo o que há.
O desvio da série. Que seja uma contingência,
Um abandono, ato acidental. A voz dos
Que enganam. Pode-se começar assim.
Pode-se dissecar o corpo até achar os ossos.
A inscrição nos ossos. Desmontar os
Ossos. O ato de fé.

XI

Um dia daqueles em que o verão assoma,
Açoites severos sobre o verde das pobres
Plantas da varanda. Caladiuns curvam-se
Devotos e marantas se erguem festivas
Tal torcida nas arquibancadas estridentes
Diante do gol. Um dia daqueles, um dia bom,
De coisas realizadas ao bem dito, dentro
Do tempo. Em fuga, em torrente, em
Largura de sorrisos e receios, que andam
De mãos dadas suarentas, mão de
Amantes e doentes. Um mal sem remédio,
Sem ervas ajuntadas ou oração com
Galhos de arruda ou pinhão. Atravessamos
Os dias de mil sóis radiantes e severos.
Infinitos dias roubados de maneira
Incorreta e briga. Os nervos em flor
Azul, branca, amarela, os nervos também
Em flor, entre os dentes amarelos,
Como disse tragando o fumo leve o
Velho marinheiro. Um destempero
Mergulha no ar ao prazer dos dias.
Dias roubados de luz.

XII

Dorme-se bem nessa casa, todas as
Noites suaves, sejam quentes, como junho,
Sejam frias, qualquer hora. Dorme-se bem,
Não preparamos nada que será celebrado
No futuro de sábias palavras. Não comporemos
A canção vítrea e mágica das revoluções.
Não inocularemos a cura de terrível peste,
Nem nenhuma salvação de grandiosa
Humanidade. Dorme-se bem, apenas, nessa
Noite morna de astros presentes, uma
Vida prática e amena, onde negamos
Os sacrifícios ancestrais e recolhemos
A devoção a uma prática nova, que
Abre os caminhos por vir. Tampouco, aqui,
Os desejos se filiam a uma recém
Didática, que transforme as almas
Antigas em artesãos de um mundo
Em permanente futuro. Dorme-se bem
Nessa casa, sob os véus, cobertas, o rumor
De animais noturnos no forro, uma
Habitação negociável entre viventes.
Dorme-se bem de coisas simples e
Necessárias: inalar o vento, mastigar
O comer.

XIII

O nome da flor em outra língua. O maquinário
Dobrável, pretensa ideia de arte. Carretéis
Sem uso, bojos da infiltração sem água, no
Teto. Uma placa, números de um bairro perdido
E distante em Buenos Aires. Fitas elásticas, bilhetes
Jogados, ímãs grudados nas hastes transversas
Da varanda mínima. Coisas guardadas numa mala
De ferramentas como palavras, pois disparam
Um discurso, algo a dizer. Todo início de termos
Graves prefacia-se com uma dessas delicadezas
Banais. Toda ausência de fala se presencia
Com a vida de outrem devassada. Um rio
Maligno de línguas afiadas e crentes em
Alheias desgraças. Um rio turvo. Toda
Linguagem se turva entre os mais longe
Ou os de perto, ao lado. Estrelas, musgos,
Marés, compõem o repertório de assombros,
Torpes, alienados. Desses, provém a fala
Mais bonita e exata, pois é avessa ao
Documento do entorno. Transtornados e
Poetas trocam palavras com quadrantes
De astros e guiam por buracos negros,
Redemoinhos, clarões.

XIV

Estou de passagem. Todos. Não é mais aqui o lugar
Onde moro. Nem reconheço essa paisagem, ainda
Que entenda o funcionamento dos aparelhos que
Me obedecem ao menor sinal. Nenhum registro
De minha presença aqui. Quartos, salas, marcas
De móveis no pó, jornais velhos, tempo gasto e
Devassado. O amarelo de manchas nas paredes
Friorentas, guardiãs silenciadas de tempos
Brindados e desejosos do eterno.

XV

O químico amador, fabricante de lâmpadas,
Robert Cornelius, morador da Filadélfia,
Escreve no verso da fotografia que registra
Sua própria imagem, a seguinte frase:
A primeira foto luminosa jamais tirada, 1839.

EQUIPE DE PRODUÇÃO
Ana Luiza Greco, Fernanda Diamant, Julia Monteiro, Leonardo Gandolfi, Mariana Correia Santos, Marília Garcia, Rita Mattar, Zilmara Pimentel

REVISÃO Luicy Caetano

PRODUÇÃO GRÁFICA Marina Ambrasas

IMAGEM DA CAPA
A primeira foto luminosa jamais tirada (c. 1839)
Robert Cornelius
Daguerreótipo
37,6 x 29,1 cm
Daguerreotype Collection
Library of Congress
Washington, D.C.
Estados Unidos

PROJETO GRÁFICO Alles Blau

EDITORAÇÃO ELETRÔNICA Página Viva

FSC
www.fsc.org
MISTO
Papel produzido a partir de fontes responsáveis
FSC® C011095

A marca FSC® é a garantia de que a madeira utilizada na fabricação do papel deste livro provém de florestas gerenciadas de maneira ambientalmente correta, socialmente justa e economicamente viável e de outras fontes de origem controlada.

ipsis

Dados Internacionais de Catalogação na Publicação (CIP)
(Câmara Brasileira do Livro, SP, Brasil)

Lima, Carlos Augusto
Robert Cornelius, fabricante de lâmpadas, vê alguém / Carlos Augusto Lima. — São Paulo : Círculo de poemas, 2022.

ISBN: 978-65-84574-19-9

1. Cornelius, Robert, 1809-1893 2. Fotógrafos 3. Poesia brasileira I. Título.

22-99621 CDD — B869.1

Índice para catálogo sistemático:
1. Poesia : Literatura brasileira B869.1

Maria Alice Ferreira — Bibliotecária — CRB-8/7964

CÍRCULO *Luna Parque*
DE POEMAS *Fósforo*

circulodepoemas.com.br
lunaparque.com.br
fosforoeditora.com.br

Editora Fósforo
Rua 24 de Maio, 270/276, 10º andar
01041-001 — São Paulo/SP — Brasil

CÍRCULO DE POEMAS *Luna Parque Fósforo*

Este livro foi composto em GT Alpina e
GT Flexa e impresso pela gráfica Ipsis
em março de 2022. As imagens latentes
entrego-as às palavras como se entrega
um filme aos sais de prata.